EXAMEN COMPARATIF

DE TOUTES LES

MÉTHODES DE LECTURE

PAR M. PIROUX,

Directeur-Fondateur de l'Institution des Sourds-Muets de Nancy,
ancien Élève-Professeur de l'Institution impériale des Sourds-Muets de Paris,
Chevalier de la Légion d'honneur et de l'Ordre de Pie IX,
Officier d'Académie, Membre de l'Académie de Stanislas, etc.

TROISIÈME ÉDITION.

NANCY,

LIBRAIRIE DE N. GROSJEAN, PLACE STANISLAS, 7.

PARIS,

LIBRAIRIE DE HACHETTE ET Cie, BOULEVARD SAINT-GERMAIN, 77.

1866.

EXAMEN COMPARATIF

DE TOUTES LES

MÉTHODES DE LECTURE

Par M. PIROUX,

Directeur-Fondateur de l'Institution des Sourds-Muets de Nancy,
ancien Élève-Professeur de l'Institution impériale des Sourds-Muets de Paris,
Chevalier de la Légion d'honneur et de l'Ordre de Pie IX,
Officier d'Académie, Membre de l'Académie de Stanislas, etc.

TROISIÈME ÉDITION.

NANCY,

LIBRAIRIE DE N. GROSJEAN, PLACE STANISLAS, 7.

PARIS,

LIBRAIRIE DE HACHETTE ET Cie, BOULEVARD SAINT-GERMAIN, 77.

1866.

La première Édition de cet Ouvrage a paru en 1834 et la seconde en 1838.

Nancy, imp. de veuve Raybois.

EXAMEN COMPARATIF

DE TOUTES LES

MÉTHODES DE LECTURE

THÉORIE DE TOUTES LES MÉTHODES DE LECTURE.

Penser, parler et écrire sont, dans l'homme fait, des opérations tellement unies entre elles que, sans la première, la seconde n'existerait pas, comme sans la seconde elle-même, la troisième n'existerait pas non plus. Mais, s'il est vrai que la pensée n'est qu'une parole intérieure, il s'ensuit que, dans l'ordre du développement naturel de l'intelligence humaine, la parole proprement dite précède la pensée, c'est-à-dire que l'homme pense la parole avant de parler la pensée, comme il parle l'écriture avant d'écrire la parole.

Le but de l'instruction est de transmettre à la génération qui s'élève, la science qu'a recueillie et augmentée, celle qui s'en va. Or, les instruments de cette transmission ne peuvent être que la parole et l'écriture. Le maître n'a, immédiatement du moins, aucune prise sur la pensée de l'élève. C'est donc à chaque individu que la Providence a confié la culture de sa propre pensée. On le sait, les parents transmettent eux-mêmes aux enfants la parole avec les notions usuelles les plus communes, à l'aide des seules conversations inspirées par les circonstances du moment, et les écoles primaires enseignent l'écriture et la lecture avec les notions les plus élémentaires de la langue, des arts, des sciences, de la morale et de la religion.

Enfin, il est de fait aussi que les écoles secondaires enseignent, avec les livres, les sciences et les belles-lettres telles qu'elles existent.

Ainsi, dans toutes les écoles, on ne transmet guère que ce qui est écrit. La parole n'y sert en quelque sorte qu'à commenter les livres, depuis la découverte de l'imprimerie surtout. Peut-être en résultera-t-il à la longue quelque inconvénient moral, faute de ne plus puiser assez dans la langue maternelle ou usuelle parlée et confirmée par les actes de la vie qu'on mène; mais c'est une question que nous ne faisons que soulever.

En mettant de côté ce qui est de l'art typographique, on peut considérer l'écriture sous deux points de vue différents : 1° Quand on la parle, ce qu'on appelle *lire;* 2° quand on la trace, ce qu'on appelle *écrire.* Nul doute que l'écriture, envisagée matériellement et même formellement, ne puisse être enseignée avant la lecture, mais elle n'est alors qu'un dessin insignifiant, ou un renversement inaccoutumé de l'ordre établi. Dans cet examen, nous n'avons à nous occuper que de la plus simple lecture. Pour nous, *lire,* c'est prononcer les paroles représentées par l'écriture, que ces paroles aient un sens, ou qu'elles n'en aient pas ; car il est certain qu'on peut lire sans savoir ce qu'on lit, comme on peut écrire sans savoir ce qu'on écrit. D'où il suit que la lecture a comme l'écriture un côté matériel. Dans la langue française, il y a une circonstance de plus que dans les autres langues, au moins pour les enfants ou les ignorants, c'est que l'écriture est ou n'est pas conforme à l'orthographe, et que la lecture peut être ou n'être pas conforme à la vraie prononciation : de là quatre difficultés dans notre lecture et notre écriture au lieu de deux, ou deux difficultés au lieu d'une seule dans chacune de ces deux choses. Ne soyons donc plus étonnés des embarras de l'enseignement primaire et du grand nombre de méthodes imaginées pour en diminuer les fatigues et en augmenter les succès, méthodes dont, on peut

l'avancer, aucune ne semble encore remplir toutes les condition[s]
désirées.

On serait tenté de croire que leurs défauts proviennent e[n]
grande partie de ce que leurs auteurs n'ont pas su distingu[er]
assez nettement une méthode d'enseignement d'une science [et]
d'un art. Une méthode d'enseignement considère les choses [à]
enseigner, moins en elles-mêmes que dans leurs rapports av[ec]
l'esprit, qui à coup sûr ne les peut bien concevoir que d'u[ne]
certaine manière. Ainsi, dans des circonstances données, u[ne]
bonne méthode doit être réellement le meilleur moyen ent[re]
tous ceux qui existent. Une science est un enchaînement de v[é-]
rités importantes, déduites les unes des autres, et considéré[es]
tant en elles-mêmes que dans leurs rapports réciproques. U[n]
art est une collection complète de règles présentées dans l'ord[re]
le plus favorable aux progrès, et qui servent à nous dirig[er]
dans une série d'opérations utiles ou agréables.

Cela posé, il nous serait déjà possible de reconnaître la mei[l-]
leure manière d'enseigner à lire qui existe ou peut exister a[u-]
jourd'hui. Mais faisons encore quelques réflexions générale[s.]
Pour apprendre à lire, il faut nécessairement apprendre com[-]
ment l'écriture représente la parole. Or, il est certain que [le]
lien constitutif de cette représentation, que nous ne pouvo[ns]

connaître en lui-même, ne peut s'établir chez l'enfant que par des habitudes organiques et intellectuelles contractées lentement. Les conseils et l'exemple du maître serviront sans doute à guider l'élève. Mais il y a si loin de comprendre une explication à s'y conformer, de voir faire à savoir faire, que le travail de ce dernier se réduit presque toujours à n'exécuter que passivement et imitativement certains exercices. La vertu des élèves est l'obéissance, comme celle du maître est le dévouement. La méthode sera la lumière commune, l'intermédiaire obligé. L'élève n'a nullement besoin, pour faire des progrès, de la raisonner; mais le maître, qui est un homme fait, doit en comprendre ou en deviner la théorie, sans quoi son esprit se fatigue et s'use sous le double poids de l'ignorance et de l'ennui. Une méthode qui ne serait pas au fond logiquement raisonnée, serait donc mauvaise, au moins pour le maître; mais reprenons nos explications sur la lecture.

La parole, comme nous l'avons dit, peut être considérée comme ayant un sens ou comme n'en ayant pas. Dans le premier cas, elle nous présente le discours, la phrase et le mot; dans le second, elle n'est qu'une suite de syllabes formées de sons et d'articulations.

L'écriture peut aussi être ou n'être pas considérée comme

représentant la parole. Dans le premier cas, elle nous offre encore des discours, des phrases et des mots ; dans le second, elle est toute matérielle et ne présente que les lettres, lesquelles se divisent en voyelles et en consonnes.

Qui ne comprend maintenant que la lecture, qui n'est que la liaison de la parole à l'écriture, peut d'abord s'apprendre en allant de la première à la seconde, c'est-à-dire, en analysant la parole avec l'écriture ? Assurément, on ne parviendra jamais à lier instantanément le discours parlé entier au discours écrit correspondant. L'homme ne s'élève que graduellement à des ensembles considérables. Mais il est déjà moins impossible de lier la phrase parlée entière à la phrase écrite, et, à plus forte raison, le mot parlé au mot écrit. Toutefois comme le mot seul n'est point, par lui-même, un tout usuel, il s'ensuit que si l'on veut aller avec avantage de la parole ayant un sens à l'écriture, on doit partir de la phrase entière en ne considérant les mots que comme ses éléments.

Enfin, si, pour arriver à la lecture, on ne voulait partir que de la parole matérielle, on ne pourrait envisager d'abord que les syllabes, qui sont formées de sons et d'articulations ; cependant, la parole matérielle n'existant que par abstraction, les syllabes seules seraient peu faciles à saisir, de prime abord, pour l'enfant. Ainsi, la phrase et, à la rigueur, la syllabe, considérées séparément, sont déjà deux points de départ que l'on peut prendre. Toutefois, en les réunissant tous les deux avec leur intermédiaire naturel, qui est le mot, on a l'avantage de ne rien dénaturer et d'obtenir un moyen plus complet et plus puissant. Voilà comment on peut aller de la parole à l'écriture pour enseigner la lecture.

Mais, pour apprendre à lire, on peut aussi aller de l'écriture à la parole, c'est-à-dire, composer la première en décomposant la seconde. Alors on doit partir des lettres considérées comme voyelles et consonnes. Pour cela il faut absolument les désigner *par leur nom usuel,* puis les grouper en syllabes, réunir les syllabes en mots, les mots en phrases et les phrases en discours. Cependant, si l'on n'est point d'abord allé de la parole à l'écriture, pour aller ensuite de la seconde à la première, en suivant leur analogie, il sera moins facile de s'élever de l'écriture à la parole, parce que toutes les conventions possibles et tous les arrangements imaginables ne feront jamais connaître, dans la langue française, que par une routine longue et insipide, la valeur absolue et la valeur relative de chaque caractère, et par suite la valeur des groupes de lettres correspondant aux syllabes, lesquels groupes ne sont jamais que, par une sorte d'artifice, distingués les uns des autres dans les livres de lecture (1). Delà on pourrait aussi voir jaillir une foule de méthodes différentes, dont le défaut n'est pas seulement de ne pas partir d'un point déterminé de la difficulté, mais surtout de ne point établir tous les rapports réciproques de l'écriture et de la parole.

Que sera-ce donc si l'on considère que, dans notre langue, les sons et les articulations ne sont que très-rarement représentés avec fidélité par les caractères de l'écriture? On sera effrayé du nombre prodigieux de systèmes à suivre pour lire selon la vraie prononciation et écrire selon l'orthographe, ou, en un mot, pour connaître soit la valeur absolue et la valeur relative des lettres, soit la structure régulière des mots. En vérité, il faut être placé dans des circonstances bien favorables pour tenter de nouveau sur un pareil sujet. Il est aussi à remarquer qu'en cette matière peu de juges sont compétents, et que les auteurs ont eu ordinairement, ou de la théorie sans pratique, ou de la pratique sans théorie.

---

(1) On ne les distingue ordinairement qu'au moyen d'un petit trait de séparation ou d'un espace.

DIFFÉRENTES SORTES DE MÉTHODES DE LECTURE.

Puisque la difficulté est *une*, la méthode devrait être *une* aussi, mais telle est la faiblesse de l'esprit humain que, dans ses premières conceptions, il prend souvent, et sans s'en douter, la forme pour le fond, l'accessoire pour le principal.

Pour rester fidèle à nos principes, nous devrions donc, sans rechercher ici s'il peut exister plusieurs sortes de méthodes de lecture, nous demander seulement qu'elle est la méthode fondamentale, et sous combien de faces elle peut être envisagée, ou, en d'autres termes, quelle est la tige et quelles sont les branches de cette sorte d'arbre dont il est si difficile de saisir l'ensemble. Mais ce serait heurter de front la manière de voir d'un grand nombre de lecteurs. Mieux vaut nous identifier avec ceux qui n'ont pas, comme nous, approndi le sujet, et admettre, sans plus d'examen, que tous les ouvrages publiés pour enseigner la lecture peuvent se ranger en plusieurs classes, ou reposer sur des systèmes essentiellement différents.

Motiver cette distinction en passant en revue tous les livres qu'a enfantés sur ce point l'imagination des hommes, c'est une tâche que nous n'avons ni le temps ni le courage de remplir. A cet égard, nous dirons seulement que nous avons fait beaucoup de recherches, et que nous ne demandons pas que notre opinion obtienne plus de crédit qu'elle n'en mérite. Or, ces nombreuses recherches nous, ont conduit à la découverte des cinq sortes de méthodes de lecture que nous présentons ci-dessous dans l'ordre qui nous semble être celui de leur apparition, et auxquelles nous croyons pouvoir ajouter la nôtre :

1° La méthode avec l'ancienne épellation, qui, dès les temps les plus reculés, a surgi d'elle-même au sein de la nation, et qui, fille du bon sens public, est en parfaite harmonie avec la langue française, dont un des caractères matériels et de s'écrire autrement qu'elle ne se prononce;

2° Les méthodes iconographiques et mécaniques, au moyen desquelles on chercha d'abord à rendre le premier travail plus agréable et plus facile, mais qui peu à peu tentèrent de vaincre à elles seules toute la difficulté;

3° La méthode avec la nouvelle épellation, qu'inventa un homme de génie, qui, pour rendre plus prompte la lecture élémentaire, crut pouvoir dissimuler, sans inconvénient, la différence qui existe entre l'orthographe et la prononciation;

4° La méthode Jacotot, qui, dédaignant de faire usage des

procédés vulgaires, ou analytico-synthétiques, adopta pour base une formule purement logique, c'est-à-dire, synthético-analytique, et pensa que les analogies se saisiraient assez d'elles-mêmes pour n'avoir pas besoin d'un livre *ad hoc ;*

5° La méthode sans épellation, qui, pour obvier aux abus des méthodes précédentes, considéra la syllabe comme un élément indécomposable ;

6° La méthode des méthodes, que l'auteur a composée en comparant les différentes méthodes entre elles, et en réunissant tous les procédés essentiels en un seul et même système.

Considérées logiquement ou dans l'ordre dans lequel elles s'entr'aident, ordre qui est aussi celui dans lequel nos facultés se développent, ces diverses méthodes doivent être présentées comme il suit :

1° Les méthodes iconographiques et mécaniques ;

2° La méthode Jacotot ;

3°   —   avec la nouvelle épellation ;

4°   —   avec l'ancienne épellation ;

5°   —   sans épellation ;

6°   —   des méthodes.

MÉTHODES ICONOGRAPHIQUES ET MÉCANIQUES.

A mesure que l'on a voulu remplacer, par la puissance des instruments, les rapports immédiats des élèves et du maître, on a tenté tous les moyens de suppléer à l'absence de celui-ci, surtout dans les écoles·nombreuses, ou avec les enfants d'une intelligence faible : de là l'invention des images pour enseigner, en parlant aux yeux, le nom et la valeur des lettres, et par suite la lecture des mots isolés et réunis. C'est ainsi, par exemple, qu'avec le dessin d'un *dé* on enseigne les lettres *d* et *é*, et même le mot entier *dé*. Les nombreuses méthodes qui ont pris pour point d'appui le dessin, et chaque jour en voit naître une nouvelle, sont plus ou moins ingénieuses, ou plus ou moins ridicules. En général, elles offrent à l'enfant l'attrait dont il est le plus avide, et un précieux levier pour les premières difficultés. Concluons que le dessin peut, à juste titre, faire partie de la meilleure méthode, mais que loin de se borner à représenter un objet pour n'utiliser qu'une seule lettre dans son nom ou même son nom tout entier, il doit, parce qu'il en est susceptible, interpréter une série de phrases entières, intéressantes pour les enfants.

Et nous aussi, nous aurions pu employer le dessin pour n'enseigner que le nom et la valeur des lettres seulement, mais c'eût été en représentant les organes de la voix dans leur ressemblance avec les caractères de l'écriture.

Quant aux méthodes mécaniques, elles ont pour objet d'établir à volonté, sous les yeux d'un nombre quelconque d'élèves, toutes les combinaisons possibles des lettres et des syllabes. Il en est de très-ingénieuses. Mais comme on ne lit guère que dans les livres, ce sera toujours aux livres que l'on reviendra généralement pour apprendre à lire aux enfants.

MÉTHODE JACOTOT.

Guidé par une certaine philosophie, dont le principe fondamental était *tout est dans tout,* le célèbre instituteur de Louvain a tenté de ramener l'instruction de la jeunesse à l'usage d'un seul et même livre. Pour trouver la lecture dans ce livre, en tout semblable aux autres, il lit et relit d'abord lui-même des phrases qu'il divise en mots et que l'élève répète par imitation; après quoi il le fait descendre des mots aux syllabes, aux sons et aux articulations, puis aux lettres (voyelles et consonnes).

Chaque jour, l'élève apprend ainsi à lire une ou plusieurs phrases et au bout d'un certain temps le but est atteint.

Ce procédé nouveau a fait dans le public trop de sensation, et a trop bien réussi entre les mains de certaines personnes pour n'avoir pas au moins un côté réellement utile. On peut dire qu'il met l'original (la parole) dans le portrait (l'écriture), avant de remettre, par la seule force de l'esprit, le portrait dans l'original. Son mérite est surtout d'aller d'un tout connu à des parties qui ne le sont pas, de la phrase aux mots, des mots aux syllabes, des syllabes aux sons et aux articulations représentés par les lettres, avant de remonter par degrés les lettres elles-mêmes à la phrase entière. Ses défauts sont de n'avoir point un mécanisme spécial, d'attaquer tout d'abord les grandes difficultés, et d'attendre tout de l'occasion. Cette méthode, dont l'inconvénient est encore d'exiger du maître un esprit philosophique qu'il n'a pas ordinairement, a eu le sort qu'elle devait avoir; mais, réduite à sa juste valeur, elle peut s'unir avantageusement aux autres, et devenir un des leviers essentiels de la Méthode des méthodes de lecture.

MÉTHODE AVEC LA NOUVELLE ÉPELLATION.

Un homme de bien qui dirigeait avec une rare habileté, au commencement du XVIIIe siècle, une institution dans la capitale, M. de Launay, frappé de la difficulté de faire passer l'enfant des noms usuels des lettres à leur valeur relative, a imaginé de les dénommer de manière à rendre la transition plus facile. Au lieu de dire, *a, bé, cé, dé,* etc., il a dit *a, be, cue* (*que*), *de,* etc. Il a été plus loin, il a identifié, autant que possible, les voyelles avec les sons, et les consonnes avec les articulations, ou les éléments de l'écriture avec ceux de la parole, et il a eu des voyelles et des consonnes simples et composées. Enfin il a établi, comme une des conséquences de son principe, qu'il n'existe deux parties dans la syllabe que quand elle commence par une articulation ou une consonne. Ainsi dans le mot *leurs, eurs* n'est selon lui qu'une seule voyelle, comme *l* n'est dans tous les systèmes qu'une consonne. D'après cela, son épellation s'est trouvée bien différente de l'ancienne. En effet, il a dit *le, eurs, leurs,* au lieu de dire, *elle, é, u, ère, esse, leurs.* Nous savons ce qu'à de séduisant un pareil système, et il est probable que l'inventeur, trop enthousiasmé de son ingénieuse découverte, n'a pas calculé les fâcheux inconvénients qu'elle semait dans la première instruction. Néanmoins, ce n'était pas sans un certain motif que M. de Launay exigeait du maître le zèle et le talent qui, on le sait, procureront toujours un brillant succès à toutes les méthodes. De son temps, des hommes avides de je ne sais quoi, se sont emparés de son idée et ont tenté d'en obtenir de soi-disant nouvelles méthodes de lecture. Son fils les appelle lui-même de *mauvais copistes*. De nos jours on commet encore le même plagiat, mais nous ne voulons critiquer ici que le système.

Cette méthode, méconnaissant un fait incontestable et sacré, la différence qui doit toujours exister entre la langue écrite et la langue parlée, rompt les rapports de la lecture élémentaire avec l'étude de l'orthographe. Ensuite elle affecte aux lettres des dénominations insolites et barbares, et, par là, elle crée, dans l'esprit de l'enfant, des habitudes d'épellation et de lecture qu'il devra nécessairement oublier bientôt, pour reprendre en sous-œuvre l'étude de la structure orthographique des mots, laquelle ne peut se faire efficacement qu'à l'aide des anciennes dénominations. Enfin elle abandonne à lui-même le jeune lecteur, lorsque commencent les innombrables exceptions auxquelles elle donne lieu, s'en référant, à cet égard, à l'usage.

A vrai dire, elle ne se flatte guère que d'une chose, la promptitude, mais elle n'est réellement prompte qu'autant qu'évitant les vraies difficultés, elle s'arme d'un livre composé tout exprès, au sortir duquel malheureusement l'enfant est encore bien éloigné de pouvoir lire dans tout autre livre.

C'est en vain que les hommes les plus sensés s'accordent à repousser cette dangereuse méthode. La bonne foi de trop d'instituteurs et de parents se laisse toujours surprendre. Il est même des personnes d'un mérite réel qu'elle séduit avec ses arguments spécieux. Jusqu'à quand nos savants ignoreront-ils donc que l'esprit des enfants ne procède pas comme celui des hommes faits, que chez les premiers tout est mémoire, imagination, jugement, que chez les autres tout devient raisonnement? Avec sa fausse logique, cette méthode se croit non-seulement plus puissante que l'ancienne pour enseigner les lettres, parce que, dit-elle, elle invoque un moyen basé sur leur figure même. Mais qui ne sait qu'un pareil levier, comme tous ceux de la mnémotéchnie, mis en usage trop tôt ou exclusivement, donne à l'esprit des enfants une culture vicieuse et affaiblit en eux la faculté de connaître naturellement. Si on objecte à ses partisans qu'elle procède en sens contraire de l'étude de l'orthographe, ils ont alors recours à leur absurde métaphysique, et ils vous répondent que l'orthographe ne s'apprend que par les yeux, comme si l'homme apprenait quoi que ce soit autrement que par une analyse intérieure ou mentale.

Hommes superficiels ou imprudents, qui souhaitez la réforme orthographique, qui ne savez pas qu'une langue dérivée comme la langue française, ne subsiste que par ses liens visibles avec les langues mères dont elle est issue, propagez la méthode avec la nouvelle épellation, et un jour viendra où vous obtiendrez la plus fatale des révolutions !

Mais on reconnaît encore les vices de cette méthode à la manière dont elle cherche sans cesse à exterminer sa rivale. Ne croyez pas que, faisant la part de ce qu'il y a de bon et de mauvais dans l'ancienne méthode, ses prôneurs en portent un jugement motivé et la condamnent avec connaissance de cause. Non, ils commencent par prendre l'abus pour l'usage, par ne considérer que le début et non la fin de la lecture ; puis ils se retranchent dans l'argument dont voici un exemple : « Pour
» faire lire le mot *chaise*, l'ancienne méthode fait dire *cé, ache,*
» *a, i, chai, esse, é, ze, chaise ;* or, il n'y a pas une analogie
» naturelle, disent-ils, entre les noms des lettres, *cé, ache, a,*
» *i, esse, é,* et le mot *chaise.* Donc la méthode qui fait ainsi
» épeler est absurde. »

Pour nous, nous ne voyons pas que le mot *chaise* soit plus facile à faire lire, en faisant dire, selon les nouvelles dénominations, *cue (que)*, *he, a, i, chai, se, e, ze, chaise.*

Mais répliqueront les amis de ce mode d'épellation, nous ne nous attaquons pas de sitôt à de pareils mots, qui offrent autant d'exceptions que de lettres; ce n'est même que quand l'élève peut saisir la valeur de plusieurs lettres réunies, que nous lui faisons lire des mots semblables, alors il dit *che, è, ché, ze, e, ze, chaise.* Voilà, ce nous semble, leur raisonnement dans toute sa subtilité. Eh bien! nous leur répondrons que l'ancienne épellation n'attaque pas si brusquement non plus les grandes difficultés, quoiqu'elle le puisse, et que, bien mieux, elle se crée une analogie qu'elle ne transgresse jamais, tandis que la nouvelle viole continuellement celle qu'elle a adoptée et qu'elle dit naturelle.

Quoi! répliqueront encore nos antagonistes, bannir d'une méthode l'analogie naturelle, qui est la loi de l'esprit humain! Oui, elle en est la loi, quant aux idées qui doivent se lier selon les rapports qu'elle embrasse; mais les idées qui se lient ainsi sont exactes et servent au raisonnement pur, auquel, pour leur bien, les enfants doivent rester étrangers, afin que leurs sens, leur mémoire, leur imagination, leur simple jugement, reçoivent avant tout une culture suffisante. Nous savons bien que les fauteurs du nouveau système ont encore leurs moyens pour les exceptions. Mais voyons quels moyens? S'ils ont à faire lire, par exemple, les difficultés de cette phrase : *Il convient qu'ils obvient à cet inconvénient;* ils diront dans le premier mot, *v* (*ve*), *ient* (*iin*), *vient* (*viin*); dans le second, *v* (*ve*), *ient* (*i*), *vient* (*vi*); dans le troisième, *n* (*ne*), *ient* (*ian*), *nient* (*nian*). Pourquoi? parce qu'ils seront guidés par le sens des mots auxquels ces syllabes appartiennent. Eh bien! l'ancienne épellation se laisse aussi guider par le sens des mots; et c'est même là le plus puissant levier pour la lecture courante. Mais le système de l'ancienne épellation, dont tous les moyens sont homogènes, n'abandonne jamais ses dénominations; il s'en sert pour commencer et pour finir : seulement si, en commençant on épelle toutes les lettres, l'épellation va toujours décroissant, à mesure que l'élève se familiarise avec les groupes de lettres dont la valeur est invariable, et qu'il sait mieux interroger le sens du mot, quand il renferme des groupes de lettres dont la valeur varie. Au contraire, la nouvelle épellation conserve, altère, supprime les siennes sans règle fixe; souvent même elle a recours à de misérables procédés que la raison générale n'avouera jamais.

Terminons en faisant observer que cette méthode est mal formulée, sans caractère explicite, sans harmonie pour l'oreille ni pour l'esprit, et qu'elle sera totalement repoussée dès que l'ancienne aura reçu le degré de perfection dont elle est susceptible, et qu'elle sera, comme elle le mérite, réintégrée dans l'opinion de ses détracteurs.

MÉTHODE AVEC L'ANCIENNE ÉPELLATION.

Cette méthode est l'ouvrage du bon sens public; elle a traversé des siècles, et aujourd'hui elle est encore la plus répandue. Le savant et l'ignorant y reviennent involontairement. Tel est le caractère des institutions vraiment nationales.

Avec cette méthode, il n'est aucune mère de famille qui ne puisse devenir l'institutrice de ses enfants. Attention chez l'élève, complaisance chez le maître, voilà tout ce qu'elle exige; et ce sont des conditions premières qui se rencontrent partout, au village comme à la ville, tandis que les conditions de succès des autres méthodes sont encore rares en tous lieux.

La méthode avec l'ancienne épellation impose ce qu'elle enseigne : 1° les noms des lettres *a, bé, cé, dé,* etc.; 2° l'épellation *bé, a, ba, cé, a, ca,* etc. Par là elle n'exige aucune démonstration raisonnée, et c'est bien, car il ne faut pas exercer le raisonnement chez les enfants, lorsqu'il ne s'agit encore que des connaissances premières, instrumentales, que leur mémoire et leur jugement naissant doivent accepter telles qu'elles sont présentées avec l'autorité du maître.

Mais examinons en détail ces deux leviers de l'ancienne méthode. Remarquons d'abord que les noms *a, bé, cé, dé, é, effe, gé, ache, i, ji, ka, elle, ème, ène, o, pé, qu, ère, esse, té, u, vé, icse, i grec, zède,* sont de véritables onomatopées, qui peignent, on ne peut mieux, la valeur de chaque son et de chaque articulation, non dans tel ou tel cas particulier, mais dans tous les cas en général; car d'abord parmi les voyelles qui entrent dans les dénominations des dix-neuf consonnes, il y a quinze fois l'*é* fermé : or, cette voyelle n'est-elle pas celle qui convient le mieux pour rendre plus sensible l'effet de la consonne? Si on a nommé le *j* en le faisant suivre d'une autre voyelle que l'*é*, c'est pour ne pas le confondre avec le *g*. Le *k* et le *q* sont distingués aussi l'un de l'autre par la différence de *a* et de *u*. Enfin la consonne *h* ne pourrait recevoir d'autre nom, puisque tantôt elle est aspirée, tantôt muette et tantôt employée dans *ch*.

Le nom de la consonne *x* ne pouvait pas non plus faire mieux ressortir sa valeur. Ensuite, ce qu'on ne paraît pas avoir re-marqué, c'est que les articulations qui tombént le plus souvent sur des sons, offrent toujours dans leur nom une consonne suivie d'une voyelle, comme dans *bé, cé, dé, gé, jī, ka, pé, qu, té, vé, zède,* dont les deux dernières lettres pourraient être supprimées. On n'a pas observé non plus que les consonnes *effe, elle, ème, ène, ère, esse, icse,* qui se marient ordinaire-ment à la voyelle qui précède aussi bien qu'à celle qui suit, ressortent fort bien aussi, pour l'oreille, par les noms qu'elles ont reçus.

Quant aux voyelles, leur nom et leur valeur sont identiques, si ce n'est que pour distinguer les *é,* on dit *e* tout simplement ou avec tel ou tel accent, et que pour distinguer *i* de *y* on appelle le second *i grec.*

Ici, nous demanderons aux partisans des nouvelles déno-minations si, d'après cela, ils croient encore le bon sens public moins subtil que le leur. Mais, passe pour les dénominations, répliqueront-ils, ce n'est que l'épellation qui en est la consé-quence que nous condamnons. Examinons donc cette dernière objection. Il se présente trois cas : 1° quand la lettre se pro-nonce régulièrement; 2° quand elle se prononce irrégulière-ment; 3° quand elle ne se prononce pas du tout. L'écriture est ainsi faite. Or, les nouvelles dénominations ne prévoient que le premier cas, tandis que les anciennes les prévoient tous les trois. Nous osons même dire que maniées habilement, celles-ci seront encore les plus efficaces pour la lecture des mots qui s'écrivent comme ils se prononcent. Alors, elles font sentir la valeur réelle des lettres autant qu'elle peut être offerte par des noms. Quand on épelle, par exemple, le mot *vis*, on dit, *vé*, *i*, *esse*, *vis*. Or, il va bientôt sans dire que *vé*, en se soudant à la voyelle *i*, perd le son *é*, que *i* ne change pas et que *esse* perd sa première partie en s'unissant à *i*, ce qui donne pour résultat naturel et logique le mot *vis*.

Quand les lettres se prononcent irrégulièrement, les anciennes dénominations viennent toujours efficacement à notre secours sans subir la moindre torture, comme nous l'avons montré plus haut en épelant le mot *chaise*.

Enfin quand les lettres ne se prononcent pas du tout, comme dans le mot *eaux*, les anciennes dénominations nous servent plus merveilleusement que jamais, ainsi que chacun peut en juger par le fait de l'épellation.

Nous pouvons donc conclure que l'ancienne méthode apprend encore mieux à lire que toutes les nouvelles, bien que de plus elle prépare à l'étude de l'orthographe. Si elle a un défaut aujourd'hui, c'est qu'après tous les essais qui ont été tentés, on sent le besoin de conserver d'autres procédés également précieux; c'est qu'on tient à faire connaître, même aux enfants, les choses sous toutes leurs faces, c'est qu'on veut leur offrir un attrait pour les instruire, et les faire réfléchir le plus tôt possible. Ces exigences impérieuses dénotent un progrès. Concluons que la méthode avec l'ancienne épellation est la meilleure entre toutes, et qu'elle doit surtout servir à enseigner la partie de l'art de la lecture qui fait face à toutes les irrégularités et qui doit conduire à l'orthographe.

MÉTHODE SANS ÉPELLATION.

Connaissant les inconvénients attachés à la nouvelle épellation et aux abus de l'ancienne, les auteurs de cette méthode ont, pour faire un dernier essai, inconsidérément renoncé à ces deux procédés, au deuxième surtout, qu'ils regardaient, *à priori*, comme absurde. Pour atteindre leur but, ils n'ont voulu voir dans la lecture d'autre élément que la syllabe; mais la syllabe parlée ou écrite est souvent très-compliquée, et l'on ne comprend pas qu'un tout puisse jamais être bien connu sans qu'auparavant les parties le soient. Aussi, cette méthode est-elle d'autant moins avantageuse aux enfants ordinaires, qu'elle est, sous quelques rapports, plus favorable aux enfants très-intelligents. Pour tous, elle est funeste à l'étude de l'orthographe. D'ailleurs, telle qu'elle existe maintenant, elle est plutôt la nomenclature des éléments matériels de la parole vus dans l'écriture qu'une méthode de lecture à proprement dire. Cependant elle est à nos yeux la preuve que les autres méthodes font beaucoup trop épeler, et s'occupent beaucoup trop des lettres isolées; mais l'abus ne doit pas faire condamner l'usage.

MÉTHODE DES MÉTHODES DE LECTURE,

6ᶜ ÉDITION.

Nous avons passé en revue cinq classes de méthodes de lecture, les seules qui existent ou peuvent exister, et nous avons trouvé dans chacune un caractère particulier. C'est une vérité à reconnaître que la méthode iconographique, la méthode Jacotot, la méthode avec la nouvelle épellation et la méthode sans épellation, conduisent de la parole à l'écriture, ou de la prononciation à l'ortographe, et que la méthode avec l'ancienne épellation conduit de l'écriture à la parole, ou de l'orthographe à la prononciation. Nous croyons ne pas devoir parler ici des méthodes qui, empruntant mystérieusement leurs procédés aux méthodes principales, ne nous présentent qu'un mélange confus de moyens très-bons et de moyens très-mauvais (1). Du fait de leur existence, concluons seulement que les différentes méthodes peuvent être réunies les unes aux autres; mais pour que leur réunion soit légitime, il faut que chacune prenne la place qui lui convient, ne conserve que ce qu'elle a de bon, et que son agencement avec les autres contribue à ne faire de toutes qu'une seule et même méthode ou mieux un seul et même système. Or, c'est sur ce plan qu'a été conçue notre méthode. L'ancienne épellation y est considérée comme le moyen par excellence, comme celui avant et après lequel doivent se présenter tous les autres, qui au fond ne sont point faits pour subsister par eux-mêmes, si ce n'est comme des parties séparées d'un tout.

A tout livre nouveau, il faut du temps pour être apprécié,

----

(1) Il en est même qui poussent la manie de l'innovation, ou qui abusent du don propre aux enfants d'apprendre de toute manière, au point de substituer à l'épellation, ce levier indispensable, la simple appellation successive des lettres de chaque mot.

pour détruire d'anciens préjugés et triompher d'une concurrence intéressée. Mais si, en prenant, comme on le peut, notre livre par tous les bouts, un maître quelconque finit toujours par obtenir une lecture plus facile et plus parfaite qu'avec les autres, il faudra bon gré mal gré se rendre à l'évidence.

De la pluralité et de la diversité des méthodes, nous avons induit plusieurs classes de difficulté s, et de l'unité du but, nous avons induit la fusion de toutes les méthodes en une seule. Ainsi, la meilleure méthode de lecture doit être nécessairement complexe dans son unité. Après tout, elle n'est encore en général qu'une série de moyens parallèles à une série de difficultés, à une série d'opérations intellectuelles, toutes séries dans lesquelles il y a nécessairement un commencement, des points intermédiaires et une fin, un commencement qui est synthético-analytique, des points intermédiaires qui sont d'abord analogico-spécifiques et génériques, puis analogico-génériques et spécifiques, et une fin qui est analytico-synthétique.

Ne pas faire porter, au nom de la philosophie d'accord avec le sens commun, les méthodes d'enseignement destinées aux parents et aux maîtres, d'abord, sur les lois intellectuelles naturelles, et, ensuite, sur les lois intellectuelles positives, et imposer les secondes sans prendre la peine de les greffer sur les premières, ce n'est pas aller *à priori* du simple au composé pour aller ensuite *à posteriori* du composé au simple ; ce n'est pas relier l'école à la famille et encore moins à la société, qui n'est qu'une famille de familles. C'est élever l'édifice sur la mémoire sans l'expérience. C'est enfin courir le risque de ne donner satisfaction qu'aux besoins intellectuels factices, qui ont toujours immolé la généralité à l'individualité, et produit l'égoïsme.

Le remède au mal ne peut être que dans l'assimilation rigoureuse de l'enseignement qui gouverne et instruit, sans les opprimer, l'enfance et la jeunesse, à la vraie religion et à la vraie politique, qui, toutes deux, en cherchant à concilier, à des points de vue différents, l'autorité et la liberté, saisissent l'homme par la volonté et l'entendement, dans sa triple sphère intérieure, domestique et publique. Il ne serait même pas difficile de prouver que, pour la fin morale ou la vertu et le bonheur, l'éducation fait monter passivement ou par induction du particulier ou général, et l'instruction fait descendre activement ou par déduction du général ou particulier, comme font en politique, pour la fin civile ou les talents et les intérêts, la monarchie et la démocratie ; comme font en religion, pour la fin intellectuelle ou la vérité et le salut, la loi écrite et la loi de grâce, entre les mains de l'Eglise catholique.

Hors de là la lèpre du pédantisme et du charlatanisme continuera de s'attacher à l'enseignement donné, dans les familles et dans les écoles, aux enfants sains d'esprit et de corps et aux enfants infirmes (chez qui le cœur est toujours plus difficile à développer que l'esprit), comme la lèpre du socialisme et du communisme s'attache à la politique; comme enfin la lèpre des schismes et des hérésies s'attache à la religion.

Ayant pris au sérieux ma mission, je n'ai senti ma conscience tranquille que quand j'ai eu formulé, en une vraie proportion, avec les lumières de la synthèse, de l'analogie et de l'analyse, les méthodes que j'emploie pour des élèves de tout genre, en ayant le plus grand soin de faire une juste part au langage parlé et au langage écrit, aux actions qui ne font qu'un avec les mœurs, et aux actions qui aboutissent au travail. Puisse le fruit de mes veilles servir tant soit peu à séparer l'erreur de la vérité, et par là contribuer à résoudre la plus importante des questions agitées de nos jours (1)!

---

(1) Si j'osais donner ce modeste ouvrage pour modèle, j'émettrais le vœu que des instituteurs expérimentés se missent à faire l'examen comparatif de toutes les méthodes qui ont été publiées pour chacun des objets de l'enseignement primaire, à l'exception de la lecture. Ce serait le vrai moyen d'en finir avec une diversité désespérante.

BIBLIOTHEQUE NATIONALE DE FRANCE
3 7502 01272528 1

www.ingramcontent.com/pod-product-compliance
Lightning Source LLC
Chambersburg PA
CBHW061445050726
47593CB00004B/1473